4 Manzo

15 VITELLO

23 MAIALE E CINGHIALE

32 Ovini

40 VOLATILI

ATTENZIONE!

Le dosi sono per **4 persone**, salvo diversamente indicato. * Per **olio** si intende olio extravergine di oliva leggero, se altri sono precisati. * Lo **zucchero** è bianco semolato, se altro è precisato. * L'**aceto** è rosso di vino, se bianco o altro è precisato. * "**Cuocere**" si intende senza coperchio, se con coperchio è precisato. * **Grana**: a piacere utilizzate Parmigiano Reggiano o Grana Padano. * La **panna** è sempre quella fresca, da montare. * Il **forno** deve aver già raggiunto la temperatura indicata nelle ricette prima di introdurre il cibo. * Il **pepe** è nero e va macinato all'ultimo momento, se altrimenti è precisato. * Quando si indica la **scorza di limone** o **arancia**, si intende sempre di frutta non trattata.

Grazie a **Richard Ginori**
(www.richardginori1735.com)
per le attrezzature fornite per le foto.

Grazie a **Dalani** (www.dalani.it)
per le attrezzature fornite per le foto.

SPEZZATINI
chez moi

Testi: Allan Bay con Rosita Ghidini
Fotografie: Manuela Vanni
Illustrazioni: Shutterstock images
Impaginazione: Martino Gasparini

Redazione Gribaudo
Via Garofoli, 262
37057 San Giovanni Lupatoto (VR)
redazione@gribaudo.it

Responsabile iniziative speciali: Massimo Pellegrino
Responsabile editoriale: Franco Busti
Responsabile di redazione: Laura Rapelli
Redazione: Daniela Capparotto
Responsabile grafico e progetto: Meri Salvadori
Fotolito e prestampa: Federico Cavallon, Fabio Compri
Segreteria di redazione: Daniela Albertini

FSC
www.fsc.org
MISTO
Carta da fonti gestite in maniera responsabile
FSC® C101934

Stampa e confezione: Grafiche Busti srl, Colognola ai Colli (VR), azienda certificata FSC®-COC con codice CQ-COC-000104

Socio Unico Giangiacomo Feltrinelli Editore srl
Via Andegari 6 - 20121 Milano
info@gribaudo.it
www.feltrinellieditore.it/gribaudo/

Prima edizione: 2016 [4(H)] 978-88-580-1533-9

ALLAN BAY

SPEZZATINI
chez moi

GRIBAUDO

QUEL GOLOSO *profumo* DI INTINGOLO

Lo **SPEZZATINO** è uno dei piatti più casalinghi che esistano. Onestamente in Italia sconta un po' il nome, non fra i più belli: mentre francesi e tedeschi utilizzano un termine, *ragout* o se si vuol fare scena ***ragoût***, che suona più nobile. Ovviamente il nostro ragù deriva da ragoût, ma in Italia è cambiato, è diventato un sugo e anche un super piatto napoletano di carne cotta nel pomodoro. L'origine dello spezzatino è chiara: la necessità di accelerare i tempi di cottura. Che come sanno tutti, si fa in due modi: marinando o tagliando a dadi più o meno grandi – o anche accettando carni più rosee all'interno, cosa che peraltro oggi è di gran moda.
Iniziamo comunque con la definizione. Si intende per spezzatino un piatto a base di carne di tutti i generi, tagliata a pezzi piccoli e regolari (3-5 cm per lato, ma a volte meno, anche 2 cm), cucinata in umido a fuoco lento con aggiunta di verdure a piacere (patate, piselli, carote, pomodoro, cipolla, tutte). Salvo eccezioni come sempre: a volte i bocconi si cuociono in modo diverso, ma il più delle volte comunque in umido.
Alcuni chiamano spezzatini anche quelli a base di bocconcini di pesci, chi scrive non approva e quindi in questo libro ci sono solo spezzatini di carne.
Tutti i tagli vanno bene. Però i tagli "meno nobili" vanno meglio. Non ha senso cuocere a spezzatino il filetto e il controfiletto... I tagli cosiddetti meno pregiati di manzo, vitello, maiale o agnello o tacchino, sono di certo non meno saporiti, e sono tutti ricchi di tessuto connettivo che si scioglie grazie alle lunghe cotture rendendo la preparazione tenera. Si noti comunque che chi scrive non considera il petto di pollo e di tacchino un taglio nobile...

LA MARINATURA

In alcune ricette è prevista la marinatura iniziale, dove la reputiamo indispensabile. Ma, comunque, marinando non si sbaglia mai, e aumentando i tempi di marinatura si sbaglia ancora meno.
Vi diamo qui di seguito una marinatura, di origine cinese, veramente universale, adatta a tutti i tagli di carne. Tagliate la carne a cubetti relativamente piccoli. Montate a neve un albume e incorporatevi un cucchiaio di fecola di patate e un cucchiaio di vino dolce o vermut. Immergetevi i cubetti di carne e lasciateli riposare per 30 minuti. Poi procedete. Se la carne fosse veramente dura unite alla marinata dell'ananas o della papaia tritati: hanno degli enzimi che inteneriscono anche la carne più coriacea.

IL ROUX

Infine, se si vuole addensare il fondo di uno spezzatino c'è un aiutocuoco fantastico: il roux. Si fa così: sciogliete in una padellina antiaderente 10 g di burro a testa e unite altrettanta farina setacciata. Continuate a rimestare con un cucchiaio di legno a fuoco dolcissimo. Cuocete 5 minuti, se volete un roux chiaro, che non modifica il colore del fondo, o anche qualche minuto di più, se preferite un roux più scuro, che dà un leggero color caramello: ma è solo questione di colore, il risultato non cambia. Alla fine mescolatelo al piatto.

SPEZZATINO DI MANZO al pomodoro

600 g di polpa di manzo
2 cipolle dorate
1 spicchio di aglio
1 mazzetto aromatico
(rosmarino, alloro, salvia)
1 barattolo di pomodori pelati
2 cucchiai di farina
1 bicchiere di vino bianco
1/2 l di brodo di carne o vegetale
burro, olio, sale, pepe

1 Mettete in una casseruola olio e il burro, aggiungete la carne a cubotti e fatela colorire per 5 minuti. 2 Setacciate la farina, mescolate e non appena si scurirà versate il vino sobbollito per 3 minuti e il brodo. 3 Mescolate e aggiungete i pomodori pelati passati al setaccio o frullati, il mazzetto aromatico, l'aglio e le cipolle tritati. Cuocete per 2 ore e 30 minuti coperto, unendo poca acqua bollente se necessario. 4 Se alla fine il fondo di cottura risultasse troppo liquido, scoperchiate e cuocete fino a restringere.
5 Eliminate il mazzetto, regolate di sale e di pepe e servite.

SPEZZATINO ISTANTANEO

600 g di diaframma di manzo
400 g di verdure miste
(carote, sedano, porri, zucchine...)
1 cucchiaio di concentrato
di pomodoro
burro, olio, sale, pepe

1 Sbollentate le verdure tagliate a julienne per un minuto, scolatele in una casseruola e cuocetele per 5 minuti, mescolando, poi levatele.
2 Mondate il diaframma (è il principale muscolo respiratorio del bovino, povero di tessuto connettivo, tenero e saporito) e tagliatelo a cubotti.
3 Nella stessa casseruola rosolatelo in olio e burro per 5 minuti, mescolando. Aggiungete le verdure e il concentrato stemperato in poca acqua e portate a cottura per 5 minuti, mescolando. Solo alla fine regolate di sale e di pepe.
4 Al posto del diaframma potete utilizzare lo scalfo (un taglio tenero e saporito del bovino, situato nella parte anteriore della coscia), che richiede però 15 minuti in più di cottura.

SPEZZATINO DI OSSOBUCO DI MANZO IN UMIDO

4 ossibuchi di manzo da 200 g l'uno
400 g di verdure miste
1 mazzetto aromatico
(rosmarino, alloro, salvia)
prezzemolo
1 cucchiaio di concentrato di pomodoro
vino rosso, brodo di manzo
farina, burro, olio
sale, pepe

1 Separate gli ossibuchi dagli ossi, tagliateli a bocconi e infarinateli leggermente. 2 Rosolateli con burro e olio per 5 minuti, mescolando, sfumate con un po' di vino sobbollito per 3 minuti. 3 Unite le verdure spezzettate, il mazzetto, un bicchiere di brodo bollente e il concentrato stemperato, coprite e cuocete per 2 ore e 30 minuti aggiungendo altro brodo se necessario.
4 Alla fine eliminate il mazzetto, levate la carne e gli ossi, frullate il fondo, rimettetelo nella casseruola con la carne, fate restringere, profumate con prezzemolo tritato regolate di sale e di pepe.

PILAF DI MANZO CON fagiolini

600 g di punta di petto di manzo
500 g di fagiolini
150 g di verdure per soffritto
2 cucchiai di concentrato di pomodoro
1 spicchio di aglio
2 peperoncini piccanti secchi
1 rametto di rosmarino
5 cm di radice di zenzero
1 cucchiaio di zucchero
olio, sale

1 In una casseruola versate l'olio, unite la carne a cubotti e rosolateli per 5 minuti. 2 Aggiungete le verdure per soffritto tritate, il concentrato stemperato, lo zucchero, lo zenzero tritato sottilmente, l'aglio schiacciato e il rametto di rosmarino legato. Salate e versate a filo un bicchiere di acqua bollente. 3 Mescolate, portate a ebollizione, poi abbassate la fiamma coprite e cuocete per 2 ore, bagnando con poca acqua se necessario.
4 Intanto lavate i fagiolini, spuntateli, tagliateli a metà e sbollentateli per 2 minuti, scolandoli in acqua e ghiaccio. 5 Trascorso il tempo unite i fagiolini sbollentati, mescolate e proseguite la cottura per altri 20 minuti. 6 Eliminate il rosmarino e regolate di sale e di peperoncino sbriciolato. 7 Servite il manzo accompagnato con riso pilaf.

SPEZZATINO DI MANZO CON PATATE

600 g di muscolo di manzo
400 g di patate
2 cipolle
2 spicchi di aglio
rosmarino
2 cucchiai di concentrato di pomodoro
1 bicchiere di vino bianco
burro, olio
sale, pepe

1 Scaldate burro e olio, unitevi la carne a cubotti e fateli rosolare per 5 minuti. Aggiungete l'aglio e le cipolle tritati sottilmente, il vino, un rametto di rosmarino e il concentrato di pomodoro diluito in poca acqua bollente.
2 Mescolate, coprite e portate a cottura per 2 ore e 10 minuti su fuoco dolce, unendo acqua bollente se dovesse asciugarsi eccessivamente.
3 Sbucciate le patate, tagliatele a grossi spicchi e rosolatele con poco olio a fuoco vivace per 5 minuti. **4** Unite le patate allo spezzatino e proseguitene la cottura per altri 10 minuti o fino a quando le patate non saranno cotte, ma ancora sode. **5** Regolate di sale e di pepe e servite ben caldo.

SPEZZATINO DI MANZO AI PORRI E SENAPE

800 g di muscolo di manzo
4 porri
1 bicchiere e 1/2 di vino bianco
1 mazzetto guarnito
(gambi di prezzemolo, alloro e dragoncello)
1 bicchiere e 1/2 di brodo di carne
farina, burro
senape
sale, pepe

Se volete potete aggiungere, assieme alla senape, 4 cucchiaiate di panna acida o di panna da montare.

1 Mondate i porri e tagliateli a fettine sottilissime. **2** In una pentola di ghisa fate dorare il manzo a cubotti nel burro, dopo 5 minuti spolverizzate di farina, mescolate bene, aggiungete il vino e altrettanto brodo caldi, i porri a fette sottili, il concentrato stemperato e il mazzetto guarnito. **3** Cuocete coperto per 2 ore a fuoco dolcissimo, unendo poco brodo se si asciugasse troppo. **4** Un minuto prima che sia pronto eliminate il mazzetto e regolate di sale e di pepe. **5** A fuoco spento legate con abbondante senape.

Carbonade flamande

800 g di muscolo di manzo
2 cipolle bianche
1 l di birra chiara
1 cucchiaio di farina
burro, strutto o olio
sale, pepe

1 In una casseruola rosolate la carne a cubotti con poco grasso per 5 minuti, poi toglietela. **2** Unite nella stessa casseruola altro grasso e le cipolle tagliate a rondelle sottili, rosolatele fino a renderle trasparenti, unendo poca acqua. **3** Aggiungete alle cipolle la carne e versate un po' di birra calda. **4** Portate a ebollizione, mescolate, poi abbassate il fuoco e cuocete per 2 ore e 30 minuti, aggiungendo poco per volta tutta la birra. **5** Trascorso il tempo, togliete la carne dalla casseruola e tenetela in caldo. **6** Versate nel fondo di cottura un cucchiaio di farina e lasciate addensare per 4 minuti, mescolando. Regolate di sale e di pepe. **7** Servite la carbonnade con il sugo di cottura caldo, accompagnando con polenta.

Spezzatino di manzo alla California

800 g di muscolo di manzo
200 g di verdure per soffritto
1 mazzetto guarnito (rosmarino, alloro, salvia)
prezzemolo
brodo di manzo
1 bicchierino di aceto
1 bicchiere di vino bianco secco
1 cucchiaio di zucchero
panna, burro, olio
sale, pepe

1 Fate rosolare la carne a cubotti per 5 minuti in olio e burro. 2 Unite l'aceto e fate sfumare. 3 Aggiungete il vino bianco secco sobbollito per 3 minuti, un cucchiaio di brodo di manzo, le verdure per soffritto tritate, il mazzetto guarnito, lo zucchero e 3 dl di panna. 4 Cuocete coperto a fuoco dolcissimo per 2 ore e mezza, unendo poco brodo se si asciugasse troppo. 5 Alla fine eliminate il mazzetto, levate i cubotti, frullate il fondo, passatelo al passaverdura e regolatelo di sale e di pepe. 6 Servite la carne nappata con il fondo emulsionato con poca panna e spolverizzate con prezzemolo tritato fine.

SPEZZATINO DI MANZO ALLA BOURGUIGNONNE

800 g di polpa di manzo
200 g di funghi champignon
100 g di cipolline borettane
100 g di pancetta a cubetti
50 g di lardo
1 mazzetto guarnito (salvia, scorza di arancia e rosmarino)
1 cucchiaio di zucchero
vino rosso di Borgogna
1 bicchiere di brodo di carne
2 cucchiai di concentrato di pomodoro
farina, burro
sale, pepe

1 Tritate il lardo, rosolatelo in una casseruola, unite la carne a cubotti leggermente infarinata e la pancetta; rosolate per 5 minuti.
2 Aggiungete un bicchiere e mezzo di vino sobbollito per 3 minuti e un bicchiere di brodo caldo, il concentrato di pomodoro stemperato e il mazzetto. Cuocete coperto per 2 ore e 20 minuti. 3 Nel frattempo saltate i funghi a fettine in una padella con burro affinché perdano tutta l'acqua, poi toglieteli.
4 Mondate le cipolline, rosolatele per 20 minuti nella stessa padella con un po' di burro, lo zucchero e un cucchiaio di vino. 5 Scolate la carne, eliminate il mazzetto e passate il fondo al setaccio. 6 Rimettete la carne, le cipolline e i funghi e cuocete ancora per 5 minuti, mescolando.
7 Regolate di sale e di pepe e servite.

GULASH

600 g di spalla di manzo
400 g di patate piccole
1 cipolla, 1 carota
1 spicchio di aglio
3 pomodori ramati
2 peperoni lunghi verdi
1/2 cucchiaino di cumino
paprica
burro, strutto o olio
sale

Questa è una ricetta austriaca. Gli ungheresi la chiamano pörkölt; mentre per loro il gulyàs è una ricca zuppa di carne.

1 Affettate i peperoni a metà, togliete i semi e le parti bianche e tagliateli a julienne. **2** Tagliate i pomodori a fettine. **3** In una casseruola fate imbiondire nel grasso la cipolla e l'aglio tritati e il cumino. **4** Unite la carne a pezzetti e mescolate. **5** Versate un bicchiere di acqua bollente, abbassate al minimo, coprite e cuocete per un'ora e 40 minuti, unendo altra acqua quando necessario. **6** Aggiungete le patate sbucciate e cuocete ancora per 30 minuti coperto. **7** Unite la carota a rondelle, i pomodori, i peperoni e proseguite la cottura per 20 minuti, scoperto. **8** Regolate di sale e di paprica. **9** Servite ben caldo.

BLANQUETTE DI VITELLO

800 g di spalla e petto di vitello
1 porro, 1 cipolla
1 carota
1 gambo di sedano
250 g di champignon
2 chiodi di garofano
1 mazzetto guarnito (alloro, dragoncello e gambi di prezzemolo)
16 cipolline
prezzemolo
zucchero
2 tuorli
il succo di 1/2 limone
2 dl di panna
farina, burro
sale, pepe

1 Tagliate la carne a bocconi, gettateli in una pentola in acqua fredda, portate a bollore, schiumate e aggiungete le verdure e il mazzetto, poi cuocete a fuoco dolce per un'ora e 20 minuti. 2 Scolate la carne e tenetela in caldo, filtrate il brodo, fatelo ridurre, legatelo con 30 g di farina e 30 g di burro sul fuoco finché la salsa non si sarà addensata. 3 Aggiungete la panna, gli champignon puliti e saltati nel burro con poco brodo e le cipolline glassate con burro e un pizzico di zucchero e fate addensare ancora. 4 Regolate di prezzemolo tritato, di chiodi di garofano, sale e pepe, a fuoco spento; legate con 2 tuorli e un po' di succo del limone. 5 Servite il vitello con la salsa e accompagnate con riso pilaf.

SPEZZATINO DI OSSOBUCO IN *gremolata*

4 ossibuchi da 200 g l'uno
2 cipolle
1 spicchio di aglio
1 mazzo di prezzemolo
la scorza di 1 limone
1 cucchiaio di Marsala
1 cucchiaio di concentrato di pomodoro
3 cucchiai di vino bianco
brodo di vitello
farina
burro, olio, sale, pepe

1 Separate gli ossibuchi dagli ossi, tagliateli a pezzetti e infarinateli leggermente. 2 Rosolateli con burro e olio per 5 minuti, mescolando, sfumate con il Marsala e il vino e fate evaporare. 3 Unite un bicchiere di brodo bollente, la cipolle e il concentrato stemperato, coprite e cuocete per un'ora e 20 minuti, aggiungendo altro brodo se necessario. 4 Preparate la gremolata: tagliate insieme e sottilmente l'aglio, il prezzemolo e la scorza del limone. 5 Cinque minuti prima della fine della cottura profumate con la gremolata. 6 Solo alla fine regolate di sale e di pepe. 7 Servite lo spezzatino ben caldo.

SPEZZATINO DI VITELLO CON *carciofi*

600 g di polpa di vitello
4 carciofi
2 spicchi di aglio
1 rametto di rosmarino
1 foglia di alloro
menta
brodo vegetale
il succo di 1 limone
olio, sale, pepe

1 Preparate una marinata con 6 cucchiai di olio, l'aglio sbucciato e schiacciato e il rosmarino, coprite la carne a cubotti, mescolatela con le mani e lasciatela marinare in frigorifero, coperta, per un'ora. 2 Scaldate la marinata in una padella e rosolate il vitello fino a che non avrà preso un colore uniforme. 3 Unite il rosmarino e l'alloro e proseguite la cottura per 40 minuti, unendo brodo vegetale se si asciugasse troppo, poi levate. 4 Mondate i carciofi, tagliateli a spicchi sottili e tuffateli man mano in acqua acidulata con succo di limone. Poi sgocciolateli e metteteli nella padella. 5 Irrorate i carciofi con 2 cucchiai di olio e rosolateli fino ad ammorbidirli. 6 Unite la carne, mescolate e cuocete ancora per 30 minuti. 7 Solo alla fine regolate di sale e di pepe. 8 Servite lo spezzatino ben caldo guarnito con foglie di menta.

VITELLO IN FRICASSEA

800 g di spalla di vitello
1 porro, 1 carota, 2 cipolle
brodo di carne
1 rametto guarnito
(rosmarino e maggiorana)
2 tuorli, farina
1/2 bicchiere di vino bianco
brodo di carne, panna
olio, sale, pepe

1 Infarinate la carne a cubetti e rosolatela nell'olio caldo su tutti i lati. **2** Sfumate con il vino e aggiungete del brodo caldo fino a coprirli. **3** Unite le verdure tagliate finemente e il mazzetto guarnito. Cuocete a fuoco dolce per un'ora e 30 minuti. **4** Trascorso il tempo scolate la carne e tenetela in caldo. **5** Preparate la salsa: versate nel fondo di cottura un po' di panna, poco brodo e fate addensare su fuoco dolcissimo; regolate di sale e di pepe; a fuoco spento emulsionate i tuorli. **6** Servite lo spezzatino nappato con la salsa, accompagnato con un contorno di piselli e carote.

SPEZZATINO DI VITELLO *fritto*

800 g di polpa di vitello
2 scalogni
1 spicchio di aglio
semi di sesamo
4 uova, farina
salsa di soia, ketchup
olio di semi di arachide
sale, pepe

1 Pelate e tritate finemente gli scalogni e l'aglio. **2** Mettete in una ciotola la carne a cubotti e fatela marinare per un'ora con gli scalogni, l'aglio, un cucchiaio di semi di sesamo, un bicchierino di salsa di soia, 2 cucchiai d'olio e una macinata abbondante di pepe. **3** In una fondina sbattete le uova, infarinate leggermente la carne e passatela nelle uova sbattute. **4** Friggete gli spezzatini in abbondante olio di semi ben caldo, scolateli e tamponateli su carta assorbente da cucina. **5** Servite la carne con ketchup, spolverizzandola con sale se necessario.

SAUTÉ DI VITELLO *Marengo*

600 g di spalla di vitello
4 spicchi di aglio in camicia
4 cucchiai di verdura per soffritto tritata
200 g di cipolline
200 g di funghi champignon
1 mazzetto di salvia e di rosmarino legato
100 g di polpa di pomodoro
1/2 bicchiere di vino bianco
1 bicchiere di brodo di carne
farina, burro, olio
sale, pepe

1 Infarinate la carne a cubotti e rosolatela nell'olio e nel burro per 5 minuti, unite il vino e fate evaporare. 2 Mescolate e aggiungete il brodo, le verdure per soffritto, la polpa di pomodoro, l'aglio, le cipolline e il mazzetto di salvia e rosmarino. 3 Cuocete per un'ora e 10 minuti, poi unite i funghi divisi a metà e proseguite la cottura fino a che i funghi non saranno ben morbidi. 4 Togliete il mazzetto e regolate di sale e di pepe. 5 Servite lo spezzatino ben caldo.

SPEZZATINO DI VITELLO CON PATATE E ZAFFERANO

600 g di pesce di vitello
400 g di patate
1 cipolla, 1 spicchio di aglio
2 bustine di zafferano
1/2 bicchiere di vino bianco
1 bicchiere e 1/2 di brodo vegetale
farina, burro, olio
sale, pepe

1 Lavate le patate, sbucciatele, tagliatele a spicchi uniformi, copritele di acqua fredda e tenete da parte. 2 Infarinate la carne a cubotti e rosolatela su tutti i lati in olio e burro per 5 minuti. 3 Aggiungete il vino bianco e fatelo evaporare, profumate con l'aglio pelato e la cipolla tritati e versate il brodo. 4 Mescolate e portate a cottura per un'ora coperto, mescolando ogni tanto. 5 Unite le patate sgocciolate e proseguite la cottura per altri 20 minuti. 6 A fine cottura aggiungete lo zafferano sciolto in poca acqua e regolate di sale e di pepe. 7 Servite ben caldo (foto a destra).

DAUBE DI VITELLO CON asparagini

800 g di petto e spalla di vitello
100 g di pancetta a dadini
4 cucchiai di verdura per soffritto tritata
1 mazzo di asparagini
1 mazzetto guarnito (menta, rosmarino, salvia e alloro)
2 cucchiai di concentrato di pomodoro
1 bicchiere di vino bianco
1 bicchiere di brodo di carne
1 cucchiaio di farina
burro, sale, pepe

1 Fate rosolare uniformemente nel burro la carne a cubotti per 5 minuti. 2 Unite il vino e fate evaporare. 3 Sciogliete il concentrato di pomodoro nel brodo e versatelo sulla preparazione, unite anche la pancetta e la verdura da soffritto. 4 Completate con il mazzetto legato e portate a cottura per un'ora e 20 minuti. 5 Nel frattempo mondate gli asparagi e lessateli in acqua bollente salata per 5 minuti. 6 Togliete le punte e frullate i gambi fino a ottenere una crema. 7 In una padella sciogliete 20 g di burro, aggiungetevi la farina, fate rosolare e unite 2 cucchiai di brodo caldo e la crema di asparagi e addensate. 8 Versate il tutto sulla preparazione, completate con le punte di asparagi, proseguite la cottura per altri 10 minuti, regolate di sale e di pepe e servite ben caldo.

CASSOEULA

INGREDIENTI × 8 PERSONE

1 kg di verza
2 piedini di maiale mondati
2 orecchie di maiale mondate
200 g di cotenna
1 kg di puntine di maiale
200 g di salsiccia
200 g di salamini verzini
1 cipolla, bacche di ginepro
vino bianco
zucchero
olio, sale, pepe

1 Cuocete i piedini per un'ora in acqua bollente leggermente salata e scolateli. 2 Sbollentate per 5 minuti le orecchie e la cotenna. 3 Tagliate la salsiccia a pezzi, bucherellate salsiccia e verzini. 4 Pulite la verza separando bene le foglie una dall'altra. Lavatele in abbondante acqua, sbollentatele per 2 minuti e scolatele in una casseruola antiaderente senza asciugarle. 5 Cuocetele a fuoco dolcissimo senza aggiungere altra acqua finché non saranno appassite. 6 In una capiente casseruola rosolate in olio le puntine tagliate a pezzi, la salsiccia e i verzini per 5 minuti, unite un abbondante bicchiere di vino, un cucchiaio di zucchero, la cipolla tritata, le verze stufate, i piedini, le orecchie tagliate a pezzi, la cotenna e una manciata di bacche di ginepro. 7 Portate a cottura in 2 ore o più, coperto, aggiungendo poca acqua se si asciugasse troppo. Regolate di sale e di pepe. 8 Accompagnate con polenta gialla.

SPEZZATINO DI CINGHIALE CON OLIVE E CAPPERI

800 g di cosciotto di cinghiale
200 g di verdure per soffritto
2 cucchiai di concentrato di pomodoro
20 olive denocciolate
1 manciata di capperi sotto sale
timo, alloro, rosmarino
1 cucchiaio di aceto
1/2 bicchiere di vino bianco
brodo vegetale, olio, sale, pepe

1 Lavate il cinghiale a cubotti, mettetelo in una ciotola e copritelo con un bicchiere di olio, uno di brodo, uno di vino, timo, alloro e rosmarino. 2 Mescolate e lasciate in infusione per 6 ore, girando la carne ogni tanto. 3 Scolate la carne dalla marinata, tamponatela con carta assorbente da cucina e rosolatela in olio per 5 minuti. 4 Versate il vino addizionato all'aceto e fate evaporare. 5 Aggiungete le verdure per soffritto tritate e il concentrato di pomodoro stemperato in acqua e coprite con brodo vegetale caldo. 6 Mescolate e portate a ebollizione, poi abbassate al minimo e cuocete coperto per 3 ore. 7 Cinque minuti prima che sia pronto, unite le olive e i capperi ben dissalati. Regolate di sale e di pepe.

SPEZZATINO DI PUNTINE al pomodoro

800 g di puntine di maiale
200 g di verdure per soffritto
500 g di polpa di pomodoro
2 foglie di alloro
2 cucchiai di concentrato di pomodoro
basilico, prezzemolo
sale, pepe

1 Rosolate la carne tagliata e pezzi per 5 minuti in una casseruola. **2** Unite la polpa e il concentrato di pomodoro diluito in poca acqua calda, le verdure tritate, foglie di basilico e l'alloro. **3** Coprite e fate cuocere su fuoco dolce per 3 ore o più, unendo poca acqua bollente se necessario: a cottura le ossa della carne devono essere staccate e il fondo deve apparire piuttosto scuro. **4** Regolate di sale e di pepe, spolverate con prezzemolo tritato. **5** Con parte del fondo potete condire una pasta di accompagnamento (foto a destra).

SPEZZATINO DI MAIALE in agrodolce

600 g di ganascini di maiale
3 peperoni verdi
2 peperoncini piccanti
1 cucchiaio di concentrato di pomodoro
2 cucchiai di salsa di soia
2 cucchiai di aceto di riso
1 cucchiaio di zucchero grezzo di canna
1 bicchierino di vermut
2 cucchiai di brodo di carne
2 cucchiai di maizena
olio di semi
sale

1 Preparate la salsa emulsionando il vermut, l'aceto, la maizena, la salsa di soia, il concentrato di pomodoro e lo zucchero. **2** In una casseruola rosolate in olio il maiale a cubetti per 5 minuti; poi levateli. **3** Nella stessa casseruola mettete i peperoni e i peperoncini tagliati a fettine, unite lo zucchero e il brodo e cuocete fino ad ammorbidire. **4** Rimettete i cubetti di carne e cuoceteli assieme alle verdure per 5 minuti. **5** Versate la salsa, lasciate scaldare bene e addensare; poi regolate di sale, mescolate e servite.

LE CREUSET
LE CREUSET

SPEZZATINO DI *maiale* ALLE PRUGNE E DATTERI

800 g di capocollo di maiale
12 prugne rosse secce denocciolate
12 datteri denocciolati
12 cipolline borettane
2 spicchi di aglio
4 cucchiai di yogurt
burro
sale, pepe

Potete ovviamente utilizzare qualsiasi tipo di frutta secca, da sola o miscelata. Se volete, al posto della panna, unite 4 cucchiai di aceto e paprica piccante.

1 Mettete il maiale tagliato a pezzetti in una pirofila e unitevi l'aglio in camicia, le cipolline e fiocchetti di burro. **2** Cuocete in forno per un'ora a 180 °C, mescolando ogni tanto e unendo acqua bollente se fosse necessario. **3** Nel frattempo ammollate le prugne per 30 minuti, scolatele e strizzatele; fate lo stesso con i datteri. **4** Unite prugne e datteri nella pirofila e proseguite la cottura in forno per altri 20 minuti. **5** Alla fine irrorate lo spezzatino con lo yogurt, regolate di sale e di pepe, mescolate e servite caldissimo.

Spezzatino di CINGHIALE alle ciliegie

800 g di cosciotto di cinghiale
20 ciliegie
200 g di verdure per soffritto
alloro, rosmarino
il succo di 1 arancia
1 cucchiaio di concentrato di pomodoro
vino rosato, brodo vegetale
spezie in polvere
olio, sale, pepe

1 Lavate con cura il cinghiale tagliato a pezzi, mettetelo in una ciotola e copritelo con un bicchiere di olio, uno di brodo, uno di vino, alloro, rosmarino e il succo dell'arancia. 2 Mescolate e lasciate in infusione per 6 ore, girando la carne ogni tanto. 3 Scolate la carne dalla marinata, tamponatela su carta assorbente da cucina e rosolatela in olio per 5 minuti.
4 Versate un bicchiere di vino e fate evaporare. 5 Aggiungete le verdure per soffritto tritate, il concentrato stemperato e coprite con brodo vegetale caldo. 6 Mescolate e portate a ebollizione, poi abbassate al minimo e cuocete coperto per 3 ore. 7 Alla fine unite le ciliegie denocciolate e una cucchiaiata di spezie a piacere, mescolate bene e regolate di sale e di pepe.
8 Servite caldissimo con purè di patate.

SPEZZATINO DI MAIALE CON PATATE VIOLA

800 g di spalla o coscia di maiale disossati
400 g di patate viola
1 cipolla, 1 spicchio di aglio
salvia, rosmarino
1 bicchiere di vino bianco
1 bicchiere e 1/2 di brodo vegetale
farina, burro, olio
sale, pepe

1 Infarinate la carne tagliata a cubotti e rosolatela su tutti i lati nell'olio e nel burro per 5 minuti. 2 Aggiungete il vino bianco e fatelo evaporare; profumate con l'aglio e la cipolla tritati finemente, foglie di salvia e un rametto di rosmarino e versate il brodo bollente. 3 Mescolate e cuocete coperto per un'ora, rimestando ogni tanto. 4 Unite le patate ben lavate e proseguite la cottura per altri 30 minuti. 5 A fine cottura regolate di sale e di pepe. 6 Servite ben caldo (foto a destra).

Choucroute

2 kg di crauti
800 g di carré di maiale affumicato
800 g di pancetta affumicata
400 g di würstel
200 g di verdure per soffritto
1 mela, 4 foglie di alloro
bacche di ginepro
zucchero
brodo di carne, vino bianco
burro, sale, pepe

1 In una capiente casseruola rosolate i crauti ben scolati per 10 minuti in poco burro, aggiungete 2 bicchieri di vino, il soffritto tritato la mela sbucciata e tagliata a cubetti, una manciata di bacche di ginepro, l'alloro e 2 cucchiaiate di zucchero. 2 Coprite a filo con brodo, incoperchiate e cuocete in forno a 200 °C per 3 ore, aggiungendo poco brodo se si asciugasse troppo. 3 Un'ora prima della fine della cottura unite la pancetta tagliata a cubetti e, poco prima che sia pronto i würstel, rosolati per 5 minuti, e il carré, lessato per 60 minuti e tagliato a fette o cubetti. 4 Alla fine togliete l'alloro, regolate di sale e di pepe e servite.

SPEZZATINO DI *maiale* ALLA CINESE

600 g di filetto di maiale
150 g di funghi a piacere
4 pomodorini
2 peperoni lunghi
2 cipollotti
2 spicchi di aglio
3 cm di zenzero
semi di papavero
1 cucchiaio di salsa di soia
fecola o amido di mais
olio di semi
sale

1 Rosolate in olio per 5 minuti la carne tagliata a cubotti, levatela e tenetela in caldo. **2** Mettete nella padella i cipollotti e l'aglio tritati finemente, i funghi mondati e tagliati a metà, i peperoni a julienne, lo zenzero a fettine, i pomodorini a spicchi e un cucchiaio di fecola o amido di mais. **3** Cuocete per 15 minuti, poi aggiungete semi di papavero, la carne e un cucchiaio di salsa di soia e cuocete ancora per un minuto. **4** Servite caldissimo.

SPEZZATINO DI AGNELLO ALLO YOGURT

Questo piatto può essere arricchito con frutta secca, come uva passa, albicocche ecc., ammollata per 20 minuti, scolata, strizzata e spezzettata.

800 g di cosciotto di agnello
500 g di yogurt greco
olio, paprica, sale

1 Fate marinare l'agnello tagliato a dadi nello yogurt greco per almeno 4 ore.
2 Scolateli e asciugateli tamponandoli con carta assorbente da cucina.
3 Emulsionate lo yogurt e salatelo leggermente. **4** In una padella saltate in poco olio la carne per 10 minuti, mescolatela con lo yogurt.
5 Regolate di sale e di paprica e servite.

RAGOÛT DI AGNELLO ALLO ZAFFERANO

800 g di polpa di agnello
4 cucchiai di verdura per soffritto tritata
1 spicchio di aglio
1 cucchiaio di prezzemolo
1 cucchiaio di concentrato di pomodoro
1/2 bicchiere di vino bianco
zafferano
burro, olio, sale, pepe

1 Rosolate la carne a dadi in olio e burro e dorateli per 2 minuti.
2 Unite le verdure e l'aglio pelato tritati, mescolate e cuocete per 2 minuti.
3 Bagnate con il vino e fatelo evaporare. **4** Aggiungete il concentrato di pomodoro stemperato, portate a cottura per 20 minuti, unendo pochissima acqua se necessario, alla fine regolate di sale, di pepe e di zafferano emulsionato in poca acqua. **5** Fuori dal fuoco profumate con il prezzemolo tritato.

Agnello con le olive

800 g di polpa di agnello
100 g di olive denocciolate
menta
rosmarino
peperoncino piccante
farina
brodo di ossi e scarti di agnello o di pollo
il succo di 1 limone
olio, sale

1 Tagliate l'agnello a bocconcini e passateli nella farina, poi scuoteteli per eliminarne l'eccesso. 2 Scaldate 2 cucchiai di olio in una casseruola e rosolate la carne per 2 minuti, mescolando. 3 Coprite a filo di brodo bollente e cuocete per 20 minuti o più, coperto, unendo poco brodo se si asciugasse. 4 Dividete a metà le olive e mescolatele in una terrina con menta sminuzzata, aghi di rosmarino e il peperoncino. 5 Versate il composto sopra l'agnello, abbassate la fiamma, bagnate con il succo di limone, regolate di sale, mescolate per 2 minuti e servite. 6 Accompagnate con un purè di patate.

GHIVECI DE MIEL

800 g di polpa di agnello
200 g di peperoni
200 g di melanzane
200 g di cipolle
200 g di fagiolini
200 g di pomodori
1 cucchiaio di paprica
burro, olio, sale

1 Rosolate uniformemente la carne tagliata a pezzetti nell'olio per 5 minuti, scolatela e tenetela da parte. 2 Versate l'olio di cottura in una pirofila da forno che abbia il coperchio. 3 Lavate i peperoni, tagliateli a metà, togliete i semi e le parti bianche e riduceteli a fettine. 4 Lavate le melanzane e tagliatela a cubetti. 5 Sbucciate le cipolle e tagliatele a rondelle; lavate e spuntate i fagiolini. 6 Lavate i pomodori e tagliateli a spicchi. 7 Imburrate abbondantemente la pirofila e stratificate la carne e le verdure. 8 Salate e cospargete con abbondante paprica. 9 Coprite la pirofila e cuocete in forno a 160 °C per 3 ore. Non è necessario bagnare la preparazione.

SPEZZATINO DI MONTONE IN *crema*

600 g di polpa di montone
200 g di polpa di pomodoro
4 cucchiai di verdura per soffritto tritata
2 spicchi di aglio
6 bacche di ginepro
1 cucchiaino di cannella
1 foglia di alloro
1 rametto di timo
1 bicchiere di vino bianco
1 bicchierino di Pernod
farina, panna
olio, sale, pepe

1 Mettete la carne a pezzetti in una terrina, copriteli con le verdure tritate, profumateli con le spezie, l'alloro e il timo; conditeli con sale e pepe e irrorateli con il vino. **2** Mescolate, coprite e mettete in frigorifero a marinare per un giorno, girando la carne ogni tanto. **3** Trascorso il tempo sgocciolate la carne, filtrandone la marinata. **4** Rosolatela in olio per 5 minuti, sfumate con il Pernod, spolverate con 2 cucchiai di farina e mescolate per farla assorbire. **5** Versate la marinata filtrata sulla carne, aggiungete la polpa di pomodoro e cuocete per 2 ore a fuoco dolcissimo, unendo poca acqua se necessario. **6** Scolate la carne, tenetela in caldo.
7 Passate il sugo di cottura al setaccio, addizionatevi la panna e cuocete per 2 minuti rimestando con una frusta, alla fine regolate di sale e di pepe.
8 Irrorate la carne e servite immediatamente.

AGNELLO CACIO E UOVA

600 g di polpa di agnello da latte
2 uova, 2 tuorli
100 g di Pecorino romano grattugiato
2 spicchi di aglio
rosmarino
3 cucchiai di succo di limone
1/2 bicchiere di vino bianco
olio, sale, pepe

Al posto delle patate bollite va bene anche il riso pilaf o pasta, come penne o rigatoni, conditi con parte del fondo.

1 Rosolate i pezzetti di agnello in olio con rosmarino tritato e l'aglio in camicia. 2 Bagnate con il vino, lasciate evaporare e portate a cottura per 30 minuti su fuoco dolcissimo. 3 Alla fine regolate di sale e di pepe.
4 Fuori dal fuoco aggiungete le uova e i tuorli emulsionati con il Pecorino e il succo di limone e mescolate: il composto di uova deve risultare abbastanza cremoso in modo che avvolga al meglio la carne.
5 Servite con patate bollite.

SPEZZATINO DI *agnello* E ALBICOCCHE *in agrodolce*

800 g di polpa di agnello
200 g di albicocche secche
60 g di mandorle bianche
1 cipolla
2 spicchi di aglio
coriandolo
1 cucchiaino di curcuma
1 cucchiaino di zenzero secco
1 rametto di rosmarino
il succo e la scorza di 1 arancia
brodo vegetale
olio, sale

1 Tagliate le mandorle a lamelle, salatele leggermente e tostale in forno a 150 °C per 10 minuti. 2 Tagliate le albicocche a metà e mettetele in ammollo in acqua tiepida per 20 minuti. 3 In una casseruola, rosolate in olio l'agnello a cubetti a fuoco molto vivace in olio per 5 minuti, sfumate col succo di arancia. 4 Unite le albicocche scolate e strizzate, la scorza dell'arancia a julienne, il rosmarino, l'aglio e la cipolla tritati, bagnate con brodo vegetale e cuocete coperto per 30 minuti o poco più, unendo altro brodo se necessario. 5 Cinque minuti prima che sia pronto aggiungete la curcuma, lo zenzero e le mandorle. 6 A cottura regolate di sale e servite cospargendo di coriandolo tritato.

SPEZZATINO DI POLLO ALLA *mela rossa*

800 g di polpa di pollo
2 mele rosse Delicious
4 cucchiai di verdura per soffritto tritata
foglie di salvia
1 bicchierino di Calvados
il succo di 1 limone
brodo di pollo, farina
burro, sale, pepe

1 Pelate le mele e tagliatele a dadini, metteteli in una ciotola con succo di limone. 2 Rosolate il pollo a cubotti in burro, cuocete per 5 minuti fino a dorare poi flambate con il Calvados. 3 Unite le verdure per soffritto tritate, le foglie di salvia e un cucchiaio di farina. Mescolate per far assorbire la farina, abbassate al minimo e proseguite la cottura per 30 minuti unendo il brodo quando necessario. 4 Tre minuti prima che sia pronto unite le mele scolate, mescolando. Regolate di sale e di pepe e servite.

POLLO TERIYAKI *al Porto*

600 g di petti di pollo
Porto bianco
zucchero, salsa di soia
olio di semi

1 Pulite bene i petti di pollo e tagliateli a dadi. 2 Sbollentateli per mezzo minuto poi scolateli in acqua e ghiaccio, teneteli a mollo per 5 minuti, scolateli e asciugateli. 3 Mettete in una padella un giro di olio e rosolate i petti per 3 minuti, a fuoco vivo. 4 Scolate tutto l'olio e versate sulla carne un bicchierino di salsa di soia, uno di Porto e 4 cucchiai di zucchero. 5 Fate cuocere coperto, a fuoco dolce, per 10 minuti. 6 Togliete il coperchio, alzate leggermente il fuoco e cuocete finché la salsa non sarà quasi assorbita, muovendo il pollo perché non attacchi sul fondo. 7 Servite subito.

SPEZZATINO DI POLLO all'arancia

800 g di petto di pollo
2 arance
1 cipolla
1 piccola carota
1 gambo di sedano
prezzemolo o erba cipollina
farina, burro
sale, pepe

L'aggiunta, alla fine, di zafferano o curcuma, stemperati in poca acqua, arricchisce questa preparazione.

1 Mondate e spezzettate la cipolla, la carota e il sedano, copriteli a filo di acqua, cuocete per 30 minuti e frullate. **2** Pelate al vivo le arance e spezzettatele. **3** Dalle bucce eliminate le parti bianche e sbollentatele per 6 minuti, poi tagliatele a julienne. **4** Tagliate a cubotti e infarinate il pollo e rosolatelo in una noce di burro per 5 minuti. **5** Unite cipolla, carota e sedano tritati e cuocete a fuoco dolcissimo per 20 minuti, aggiungendo poca acqua bollente quando necessario. **6** Alla fine unite le arance e le scorze e cuocete ancora per 2 minuti, mescolando. **7** Regolate di sale e di pepe e servite profumando con abbondante prezzemolo o erba cipollina tritati.

POLLO ALLA CREMA

600 g di polpa di pollo
200 g di funghi a piacere
1 cipolla
1 carota
1 gambo di sedano
1 bicchierino di spumante
2 dl di panna
prezzemolo
farina, burro
sale, pepe

1 Mondate e spezzettate la cipolla, la carota e il sedano, copriteli a filo di acqua, cuocete per 30 minuti e frullate. 2 Mondate e tagliate i funghi a fette, saltateli in una padella con poco burro per 10 minuti. 3 Tagliate a bocconcini il pollo, infarinateli e rosolateli in una noce di burro per 3 minuti, poi sfumate col vino sobbollito per 3 minuti. 4 Unite cipolla, carota e sedano tritati e cuocete a fuoco dolcissimo per 20 minuti, aggiungendo poca acqua bollente quando necessario. 5 Unite la panna e i funghi e cuocete ancora per 2 minuti, mescolando. 6 Regolate di sale e di pepe e servite profumando con abbondante prezzemolo tritato o con un mazzetto di erba cipollina spezzettata con una forbice.

COQ AU VIN

1 pollo con la pelle
150 g di pancetta a cubetti
1 vasetto di cipolline sottaceto
150 g di funghi champignon
vino rosso
1 mazzetto guarnito (alloro, timo e dragoncello)
1 cucchiaio di concentrato di pomodoro
farina, burro, sale, pepe

1 Sciacquate le cipolline e rosolatele con poco burro. **2** Mondate e tagliate a fette i funghi, saltateli con poco burro finché non avranno buttato fuori la loro acqua. **3** In una casseruola rosolate la pancetta senza grasso, unite il pollo tagliato a pezzi e rosolatelo fino a dorarlo, poi spolveratelo con la farina e mescolate. **4** Aggiungete 2 bicchieri di vino sobbollito per 3 minuti, il concentrato stemperato in poca acqua e il mazzetto guarnito, coprite e cuocete per un'ora, unendo poca acqua se necessario. **5** Aggiungete le cipolline e i funghi, mescolate per insaporire, regolate di sale e di pepe e servite.

SPEZZATINO DI TACCHINO *all'ischitana*

600 g di polpa di tacchino
200 g di pomodori da sugo
2 spicchi di aglio
1 rametto di rosmarino
foglie di basilico
1 peperoncino secco
1 bicchiere di vino bianco
olio, sale, pepe

1 In una casseruola scaldate un po' di olio e rosolatevi gli spicchi di aglio e il peperoncino, unite il tacchino tagliato a cubetti e fatelo saltare per 3 minuti, poi sfumate col vino sobbollito per 3 minuti.
2 Aggiungete i pomodori, il rosmarino e alcune foglie di basilico e cuocete per 30 minuti a fuoco dolce, unendo poca acqua bollente se fosse necessario.
3 Regolate di sale e di pepe.

PÖRKÖLT DI OCA

1 kg di oca tagliata
2 peperoni lunghi
400 g di cipolle
2 spicchi di aglio
concentrato di pomodoro
cumino
prezzemolo
brodo vegetale
burro
paprica, sale

1 Fate appassire le cipolle tagliate a fette in poco burro per 15 minuti, mescolando, poi levatela. 2 Nella stessa casseruola fate rosolare l'oca a cubotti per 5 minuti in poco burro. 3 Unite 2 dl di brodo, il concentrato stemperato in acqua, le cipolle a pezzi, l'aglio, un cucchiaio di cumino e i peperoni puliti e tagliati a julienne. 4 Cuocete coperto a fuoco dolcissimo per 2 ore circa unendo poco brodo se si asciugasse troppo, alla fine spolverizzate con abbondante paprica e prezzemolo tritato. 5 Regolate di sale e servite.

RAGOÛT DI POLLO E GAMBERI

500 g di polpa di pollo
200 g di code di gamberi mondate
100 g di piselli
4 cucchiai di verdura per soffritto tritata
1 bicchierino di vino bianco
spezie
prezzemolo
olio, sale, pepe

1 Sbollentate i piselli per 3 minuti. 2 Scottate i gamberi in una casseruola con poco olio per un minuto, poi levateli. 3 Mettete il pollo tagliato a bocconcini nella padella, unite ancora un po' di olio e rosolate per 5 minuti poi bagnate con il vino bianco e fate evaporare. 4 Unite le verdure per soffritto tritate, cuocete per 20 minuti a fuoco dolcissimo. 5 Aggiungete i gamberi e i piselli, regolate di sale, di pepe e di spezie a piacere e proseguite la cottura per un minuto. 6 Fuori dal fuoco cospargete con prezzemolo tritato.

SPEZZATINO DI *Tacchino* ALLE CASTAGNE

600 g di polpa di tacchino
150 g di castagne secche
100 g di pancetta a cubetti
1 spicchio di aglio
2 foglie di alloro
1 rametto di rosmarino
200 g di latte
150 g di acqua
1 bicchierino di brandy
100 g di panna
burro, olio
sale, pepe

1 Sciacquate le castagne e mettetele in ammollo per una notte in acqua fredda. 2 Trascorso il tempo lessatele in acqua salata con l'alloro, l'acqua e il latte per 20 minuti dall'ebollizione, poi scolatele e tenete la parte, conservando l'acqua di cottura. 3 Rosolate il tacchino a cubetti assieme alla pancetta fino a dorarli in olio e burro con l'aglio pelato e schiacciato e flambateli con il brandy, unite le castagne, il rosmarino, l'alloro e qualche cucchiaio dell'acqua di cottura delle castagne e il rosmarino. 4 Cuocete per 30 minuti a fuoco dolce versando altra acqua di cottura delle castagne se necessario. 5 Due minuti prima del termine unite la panna e fate addensare. 6 Regolate di sale e di pepe.

FRICASSEA ALLA BERLINESE

INGREDIENTI × 8 PERSONE

1 pollo da 1,4 kg
200 g di lingua di vitello
200 g di animelle
16 code di gambero
200 g di champignon
16 cipolline, capperi sottaceto
8 filetti di acciughe sottolio
il succo di 1 limone
4 tuorli, brodo di pollo
burro, sale, pepe

Potete arricchire questo celebre piatto con qualsiasi tipo di carne o pesce, tagliati a fettine e saltati con burro.

1 Mettete il pollo a pezzetti in una casseruola, bagnatelo con brodo e cuocetelo coperto per un'ora, unendo poco brodo se necessario. 2 Mentre il pollo cuoce, sbollentate le animelle per pochi secondi, privatele delle pellicine e rosolatele per 10 minuti; glassate con burro le cipolline; saltate sempre con poco burro gli champignon divisi a metà per 10 minuti. 3 Quando il pollo è pronto, unite le code di gambero private del filo intestinale, la lingua tagliata a julienne, i filetti di acciuga a pezzi, le animelle tagliate a metà, le cipolline glassate, i funghi, una manciata di capperi sciacquati e il succo filtrato del limone e cuocete per 2 minuti, unendo poco brodo e se necessario. 4 Regolate di sale e di pepe, spegnete, legate con i tuorli e servite.

Indice delle ricette

Agnello cacio e uova 37
Agnello con le olive 33
Blanquette di vitello 15
Carbonade flamande 9
Cassoeula 23
Choucroute 28
Coq au vin 44
Daube di vitello con asparagini 22
Fricassea alla berlinese 48
Ghiveci de miel 34
Gulash 14
Pilaf di manzo con fagiolini 5
Pollo alla crema 42
Pollo teriyaki al Porto 40
Pörkölt di oca 45
Ragôut di agnello allo zafferano 32
Ragôut di pollo e gamberi 45
Sauté di vitello Marengo 20
Spezzatino di agnello allo yogurt 32
Spezzatino di agnello e albicocche in agrodolce 38
Spezzatino di cinghiale alle ciliegie 27
Spezzatino di cinghiale con olive e capperi 23
Spezzatino di maiale alla cinese 30
Spezzatino di maiale alle prugne e datteri 26
Spezzatino di maiale con patate viola 28
Spezzatino di maiale in agrodolce 24
Spezzatino di manzo ai porri e senape 8
Spezzatino di manzo alla bourguignonne 12
Spezzatino di manzo alla California 10
Spezzatino di manzo al pomodoro 4
Spezzatino di manzo con patate 6
Spezzatino di montone in crema 36
Spezzatino di ossobuco in gremolata 16
Spezzatino di ossobuco di manzo in umido 5
Spezzatino di pollo alla mela rossa 40
Spezzatino di pollo all'arancia 41
Spezzatino di puntine al pomodoro 24
Spezzatino di tacchino alle castagne 46
Spezzatino di tacchino all'ischitana 44
Spezzatino di vitello con carciofi 18
Spezzatino di vitello con patate e zafferano 20
Spezzatino di vitello fritto 19
Spezzatino istantaneo 4
Vitello in fricassea 19